CB142936

Conversas com Francis Bacon

Franck Maubert

Conversas com Francis Bacon

O cheiro do sangue humano não desgruda seus olhos de mim

Tradução:
André Telles

ZAHAR

Título original:
L'Odeur du sang humain ne me quitte pas des yeux
(Conversations avec Francis Bacon)

Tradução autorizada da primeira edição francesa, publicada em 2009 por Mille et Une Nuits, departamento de Librairie Arthème Fayard, de Paris, França

Copyright © 2009, Librairie Arthème Fayard

Copyright da edição brasileira © 2010
Jorge Zahar Editor Ltda.
rua México 31 sobreloja | 20031-144 Rio de Janeiro, RJ
tel (21) 2108-0808 | fax (21) 2108-0800
editora@zahar.com.br | www.zahar.com.br

Todas as fotos do livro são de autoria de Franck Maubert.

Todos os direitos reservados.
A reprodução não autorizada desta publicação, no todo ou em parte, constitui violação de direitos autorais. (Lei 9.610/98)

Grafia atualizada respeitando o novo Acordo Ortográfico da Língua Portuguesa

Preparação: Tamara Sander | Revisão: Sandra Mager, Joana Milli
Projeto gráfico: Carolina Falcão | Capa: Rita da Costa Aguiar
Imagem da capa: © The estate of Francis Bacon, *Estudo para um retrato*, 1971 (óleo sobre tela), Francis Bacon (1909-92), licenciado por Autvis Brasil, 2010 / © Coleção particular / The Bridgeman Art Library

CIP-Brasil. Catalogação na fonte
Sindicato Nacional dos Editores de Livros, RJ

B123c Bacon, Francis, 1909-1992
Conversas com Francis Bacon: o cheiro do sangue humano não desgruda seus olhos de mim / Franck Maubert; tradução: André Telles. – Rio de Janeiro: Jorge Zahar Ed., 2010.
il.

Tradução de: L'odeur du sang humain ne me quitte pas des yeux: conversations avec Francis Bacon
ISBN 978-85-378-0240-3

1. Bacon, Francis, 1909-1992 – Entrevistas. 2. Pintores – Inglaterra – Biografia. 3. Pintores – Inglaterra – Entrevistas. I. Maubert, Franck. II. Título

CDD: 927
10-1050 CDU: 929:7.036

Sumário

O cheiro do sangue humano não desgruda seus olhos de mim.

ÉSQUILO, *Eumênides*

NOTA: Após ter consultado diversas traduções da *Oréstia* de Ésquilo, trilogia da qual *Eumênides* faz parte, não consegui encontrar esta frase tal como citada por Bacon: "O cheiro do sangue humano não desgruda seus olhos de mim." Ele a mencionou para mim em diversas ocasiões, em francês [*L'Odeur du sang humain ne me quitte pas des yeux*], apropriando-se dela. Às vezes, pergunto-me se não se trata de uma tradução do próprio Bacon, mais forte que a formulação que costumamos encontrar para esse verso das *Eumênides*: "O cheiro do sangue humano me sorri" [*L'Odeur du sang humain me sourit*]. F.M.

Morada do caos

Uma imagem: a dos créditos iniciais de um filme entre a vida e a morte, *O último tango em Paris*. Na penumbra do cinema Victoria, a figura – um corpo, o de George Dyer? – surge na tela como uma deflagração. Você é imediatamente arrebatado. Você sente alguma coisa física. Seriam os rasgos do saxofone de Gato Barbieri? Ou seria por causa daquele corpo, apenas daquele corpo que se contorce, daquele corpo enrodilhado que grita sua dor? Cores de sangue e de vida, as das carnes venenosas de um cadáver maquiado. As de um corpo nu e isolado. Acho que foi assim que descobri, pela primeira vez, uma imagem de Francis Bacon. Percebi-a primeiro como imagem, antes de captar seu aspecto puramente pictórico. Provavelmente eu tinha visto outros quadros seus, em outros lugares, antes de receber um segundo choque. Foi na Galeria Claude Bernard, espaço baixo e escuro, onde eu tinha a curiosa sensação de entrar nos próprios quadros e neles me dissolver. A pintura ali encontrava toda sua intensidade, exercendo ao paroxismo seu poder de sedução. Como um clamor paralisante. Possivelmente a manifestação do que o próprio artista chamava *"the brutality of fact"* ao falar de Picasso.

Dali em diante, para mim Francis Bacon, mais que qualquer outro artista, iria encarnar *a* pintura. Uma evidência.

Desde essa época de juventude, sua pintura não se afastou mais de mim. Ela agarra na gente, vive na gente. Seus "personagens em crise generalizada" – crise moral, crise física –, como escreveu o crítico inglês John Russell, vivem ao nosso lado e nos lembram incessantemente que a vida é essa corda esticada entre nascimento e morte. Essa vida que nos traz visões exacerbadas, um vizinho de hospital, de asilo, às vezes nós mesmos. O terror está presente, instalado em personagens que berram em silêncio. Uma crueldade veemente e visível, revelada por homens emparedados numa moldura espacial. A qualquer momento podemos nos deparar com o atroz, um acidente nos reduz a um pacote de músculos abertos. Na expectativa, possível, de uma ressurreição.

Meu trabalho como jornalista de arte, na *L'Express*, nos anos 80, me deu a oportunidade de aspirar a um encontro com o artista. Conseguir isso não foi fácil. Após pedir a entrevista à sua galeria londrina, a Marlborough Gallery, fui obrigado assim mesmo a esperar quase três anos antes de receber um convite, que eu não esperava mais, feito por Miss Valerie Beston, chamada de Miss B. pelo artista. Dessa forma, nessas circunstâncias, encontrei Francis Bacon em seu ateliê de Londres na Reece Mews 7, South Kensington. Outras visitas se seguiriam. Os primeiros encontros tornaram-se pouco a pouco, ao longo dos anos, conversas, diálogos ininterruptos, que prosseguiam em Paris ou Londres, ao sabor de nossos deslocamentos e viagens.

Bacon me avisara: "A campainha está enguiçada, vou deixar encostada a porta do ateliê." Chegava-se à antiga despensa de feno e ao abrigo do cocheiro, situados acima da estrebaria transformada em garagem, por uma estreita e íngreme escada que era melhor subir em jejum. O que, a priori, não incomodava o artista. Aliás, não era raro ele receber você com uma gargalhada, no corredor do andar, um copo na mão. O homem é elegante: botinas pretas justas, calça de flanela cinza, uma jaqueta de couro, camisas cor-de-rosa, uma gravata escura de tricô, um quê de astro de rock. O olho azul-claro e cabelos tingidos num estudado acaju. Essa criatura terrivelmente viva sabia compartilhar seu senso agudo do trágico e do cômico misturados – como num de seus autores favoritos, William Shakespeare. Assim, Francis Bacon podia desconcertar por sua simplicidade e lucidez, aliadas a uma natural delicadeza e violência, medida e desmedida.

Durante minha primeira visita, em 1982, Bacon me avisou: "Dormi muito mal, tive uma crise de asma." A despeito disso, estava de bom humor e extremamente cortês. Fiquei surpreso com o conforto elementar e familiar no qual ele vivia desde o início dos anos 60. Desse alojamento precário, Francis Bacon mantivera as cordas à guisa de passarela e o assoalho de tacos de madeira. Os três cômodos distribuíam-se da seguinte forma: quarto-canto escritório, cozinha-lavatório e ateliê, naturalmente, como mostram fotografias publicadas aqui ou ali na imprensa.

Assim que chego, ele me empurra para o canto escritório, me faz sentar e desaparece na cozinha, de onde volta com café. Tenho tempo apenas de observar a colcha da cama bordada, lembrança de uma de suas temporadas em Tânger, uma cômoda Boulle Louis XIV carcomida e um sofá, estilo difuso, em veludo puído sobre o qual se amontoam camisas em seus saquinhos plásticos da lavanderia. E, um pouco por toda parte, livros e mais livros. Obras de Giacometti, Georges Bataille, Picasso, sobre arte egípcia... Sobre o aparador da lareira, as obras completas de Proust, numa edição francesa, e uma fotografia em moldura dourada de George Dyer, seu companheiro que se suicidou em Paris em 1971. Na luz baixa, quase intimista do recinto, o artista lê, dorme e recebe. Quando recebe. Atrás de nós, um espelho estrelado ocupa todo um lado da parede, devolvendo a imagem difratada dos armários cinzentos da entrada. Seus estilhaços concêntricos são resultado de um rasgo de mau humor do meu anfitrião, que um dia atirou

um cinzeiro num convidado mal-educado... É só o que tem a dizer. Não insisto. Comigo, o homem é afável, atencioso, solícito, como raramente é. Por instantes irrompe uma fúria secreta.

Durante essas conversas, para ir pegar uma garrafa de vinho ou xícaras de café, dependendo da hora, ele me arrastava para a cozinha-lavatório, onde era possível ver um lavabo pintado e repintado, um varal de roupa acima da banheira compacta, os utensílios da cozinha convivendo com os de higiene... Espetadas nas paredes, reproduções de suas obras: "É para conviver com elas, me impregnar. E, depois, vou colocar o quê?"

Finalmente, aposento principal, o ateliê. O antro. Um lugar ciosamente preservado. A realidade vai muito além do que eu entrevira até então nos catálogos e revistas. Claro, ele não é o primeiro nem o último artista a acumular coisas dessa forma: uma fotografia do pintor Walter Sickert com sua mulher em seu ateliê mostra o chão coberto por camadas de jornais e detritos diversos... No assoalho de Bacon, restos de todo tipo juncam o chão, formando uma espécie de composto de sedimentos, uma crosta áspera: o oposto da nitidez "clínica" de seus quadros, que não obstante nascem de fato aqui e cuja largura não pode exceder a diagonal da janela. Sapatos descasados, luvas de borracha cor-de-rosa, pratos, esponjas velhas, livros abandonados com páginas rasgadas, fotografias arrancadas... e arbustos de pincéis. Ele se desculpa: "Mas toda minha vida não passou de uma vasta desordem." Rastros de tintas – laranja, roxo, amarelo vivo, rosa choque – correm pelo chão, sobem na porta e pelas paredes. O ateliê, iluminado por uma claraboia no teto e uma lâmpada solta, constitui uma imensa paleta. E um convite a pintar. Esse caos é o próprio cerne da imaginação pictórica de Bacon. Eu o vi trabalhar num tríptico dedicado ao toureiro Sánchez Mejías, morto em combate, a partir de um poema de García Lorca. Mais tarde, fiquei sabendo que ele conservou apenas o quadro da direita do tríptico. O artista não desvenda todas as suas fontes, não conta seus segredos de fábrica, alguns dos quais foram revelados depois de sua morte, à luz de documentos descobertos, justamente, na confusão de seu ateliê.

Durante uma de minhas visitas – terá sido a primeira? – sugeri-lhe deixar-se fotografar por uma modesta câmera descartável comprada no aeroporto. São, creio, as únicas fotos que tirei na vida. Ele se prestou à brincadeira, posou alegremente e me deixou captar a esmo algumas imagens indiscretas dos lugares. Essas fotos têm mero valor de testemunho.

As "conversas" que se seguem deram-se em francês, língua que ele dominava com a engrenagem de um velho dialético. Elas reúnem a maioria dos grandes temas que Francis Bacon, obstinado, não cessou de abordar, de reiterar ao longo da vida: a arte, a vida, a morte, as paixões, grandes temas universais, mas também seu trabalho, suas amizades, suas viagens, suas leituras, o álcool, Picasso, Giacometti, Velázquez, *of course*, até seu interesse pelos videastas... Falar o divertia. Falar o excitava. Falar, para ele, também era uma arte. Não hesitava em pisar e repisar um assunto, em dissecar uma ideia, em lutar com uma palavra para melhor destrinchá-la, equipado com vários dicionários se fosse o caso... Preconizando também, à sua maneira, um discurso habilmente tortuoso até na menor evocação, como se quisesse, mais uma vez, despertar seus demônios familiares. Sempre exigente, às vezes lacunar. Provocava – adorava provocar – e seduzia, não sem humor. Entre as conversas gravadas e as anotações feitas durante nossos encontros, tentei pinçar as declarações que conservassem alguma coisa da intimidade que ele oferecia, da simplicidade e complexidade – e extrema ambiguidade também – de um homem dedicado à sua paixão: a pintura.

Conversas com Francis Bacon

O artista me mostra sua casa.

FRANCIS BACON: Aqui, tinham dois quartos, derrubei uma parede.

FRANCK MAUBERT: Ora, não tem abajur, apenas lâmpadas soltas como nos ateliês de antigamente e... como nos seus quadros.

FB: Prefiro as iluminações mais agressivas e não gosto muito de abajures, é o que usam nas salas de bilhar. Não gosto de decorações para casas, é inútil.

FM: No entanto o senhor foi decorador...

FB: O que fazer quando somos jovens? Quando somos jovens, avançamos e não sabemos muito aonde vamos. Então, por que não a decoração...? Mas não fiz nada de original.

FM: O que fez antes de se dedicar à pintura?

FB: Muita coisa. Tudo e mais um pouco! Como sabe, comecei muito tarde. Lembro-me de ter sido criado de quarto. Era muito divertido, por sinal. Depois devo ter sido secretário particular, e até vendedor de lingerie feminina... Então, como disse, decorador. É engraçado, eu que tenho horror à decoração criei móveis e desenhei tapetes! Que horror!

FM: O senhor desenhava móveis, cadeiras, mesas, tapetes, espelhos... Ainda é possível vê-los em algum lugar?

FB: Talvez na Alemanha, não sei bem onde; foram roubados durante a guerra... Uma mulher alemã comprou tudo.

FM: Qual era o espírito desse mobiliário?

FB: Lembrava um pouco os móveis de cromo de Le Corbusier e Charlotte Perriand. Na época, eu achava o trabalho deles interessante. Eu desenhava mesas, escrivaninhas, poltronas nesse espírito, e cheguei a comprar uma dessas cadeiras, que eu apreciava como escultura. Mas, como cadeira, não era nada confortável. Eram belos objetos muito "clínicos".

FM: É daí que vem sua inclinação pelo que chama de pintura "clínica"?

FB: Eu queria fazer uma pintura "clínica" no meu sentido, compreende? Os maiores objetos de arte são "clínicos".

FM: Poderia esclarecer esse termo, por favor?

FB: Em inglês, dizemos "*clinical*". Então, quando emprego a palavra "clínico", quero dizer o realismo mais radical. Do jeito que o mundo vai, isso é impossível de definir, impossível de falar sobre.

FM: Clínico é frio, distante?

FB: Uma espécie de realismo, mas não necessariamente frio. Ser "clínico" não é ser frio, é uma atitude, é como decidir alguma coisa. Mas é verdade que em tudo isso há frieza e distância. A priori, não há sentimentos. E, paradoxalmente, pode provocar um enorme sentimento. "Clínico" é estar o mais próximo possível do realismo, no mais recôndito de si. Alguma coisa de exato e afiado. O realismo é uma coisa perturbadora...

FM: Uma relação direta com sua vida e sua pintura, talvez?

FB: Sim, sem dúvida alguma. É sobre nós mesmos que devemos trabalhar em primeiro lugar... Eu queria alcançar uma pintura "clínica" no sentido em que *Macbeth* é clínico. Os grandes poetas são formidáveis disparadores de imagens. Suas palavras são indispensáveis para mim, me estimulam, me abrem as portas do imaginário.

FM: Tenho a impressão de que o senhor é atraído pela poesia, naturalmente, mas principalmente pelas tragédias. Seriam esses textos os disparadores de imagens ou as palavras que o ajudam e o levam a ir mais longe?

FB: Não sei. O que incita o quê? Uma imagem traz outra, sugere outra. Os poetas decerto me ajudam a ir ainda mais longe, como o senhor disse. Gosto da atmosfera na qual eles me fazem mergulhar. Eles podem me levar ao êxtase.

Às vezes, basta uma palavra. Ésquilo não tem igual nesse aspecto. Os poetas me ajudam. A pintar, sim, e sobretudo a viver. Shakespeare pode dizer coisas tão agudas... Mas, às vezes, há muita falação, arroubos líricos. Gosto, acima de tudo, de *Macbeth*... Nada mais aterrador, mais horrível, que *Macbeth*. É o concentrado do mal.

FM: O senhor parece precisar ser impactado por palavras ou imagens para pintar. Isso lhe é realmente indispensável?

FB: Sou desse jeito. As coisas banais, comuns, não me arrebatam. Não gosto das coisas superficiais. É mais forte que eu. Quando leio os últimos versos de "The second coming" de Yeats, fico mais tocado do que por qualquer pintura histórica, qualquer imagem de guerra.

Levanta-se, pega na prateleira de sua estante a antologia de Yeats e lê numa voz quase neutra, sem ênfase:

FB: *"And what rough beast, its hour come around at last*
*Slouches towards Bethlehem to be born."**

FM: O que o toca nesse caso é a arte de Yeats, a intensidade dramática de seus versos, não apenas a brutalidade da imagem.

FB: Exatamente. O poder e a força de suas palavras, e também sua dimensão e visão profética.

---

* "O segundo advento": "E qual uma besta informe, chegada enfim sua hora,/ Arrasta-se para Belém, para lá ver o dia." (in *Michael Robartes and the Dancer*, 1921). (N.T.)

FM: Como o senhor se acha no caos que é o seu ateliê? Toda essa "sujeira" é antagônica à sua ideia de pintura "clínica", não?

FB: É verdade, é um pouco nojento, mas isso não é o essencial. Às vezes me ajuda... O essencial está em outro lugar.

FM: Seus "disparadores" podem também ser fotografias ou imagens, não é?

FB: Sim, claro, imagens com vida, como as do olho cortado do *Cão andaluz* de Buñuel e Dalí. É fantástico! A fotografia me dá uma ajuda, me serve de apoio, me suscita e provoca imagens. A fotografia me permite arrancar, depois eu risco, subtraio, apago. No fim, não resta mais muita coisa da fotografia originária. Na verdade, ela me liberta da necessidade de exatidão. É um maravilhoso disparador. Sabe, logo depois de sua invenção, a fotografia transformou totalmente a pintura e a visão dos pintores. A fotografia engendra ouras imagens. Quem pode ignorar isso? Há instantâneos que nenhum pintor poderia captar. Movimentos...

FM: Está pensando nas fotografias de Eadweard Muybridge, cujo trabalho foi precisamente a decomposição dos movimentos, ou no de Marey?

FB: Um amigo me mostrou, lá pelos anos 40, pranchas de *Human and Animal Locomotion* e de *The Human Figure in Motion* – foi uma descoberta preciosíssima para mim, pela abordagem do movimento dos corpos, mas faltava emoção... Sempre tentei ir mais longe que a fotografia.

FM: A imagem então é necessária para o senhor, é um ponto de partida...

FB: Sim, a imagem é uma fonte, e, mais que isso, um deflagrador de ideias, mas vou encontrar uma palavra mais forte. Ela sugere, é ainda mais violenta. Gosto da força das palavras. Quem pode substituir Yeats, T.S. Eliot, Shakespeare, Racine, Ésquilo? A leitura de Ésquilo me impõe imagens, engendra-as dentro de mim. Nunca me cansarei dele. Esses autores me estimulam. Seu poder continua insubstituível para sacudir a realidade e torná-la ainda mais crua.

FM: Compreendo que a pintura sinistra de Ésquilo com seus crimes e todo seu horror o tenha seduzido, *Macbeth* é quase insignificante ao lado dele...

FB: Sim, a *Oréstia* é considerável, há nela uma beleza, um vigor e uma profundidade incomparáveis. E até humor...

FM: Outro dia o senhor me contou que chegou a ir ao Museu das Ciências para observar mais detidamente imagens científicas...

FB: É verdade, estou sempre à espreita: eu tinha a ideia de pintar um grupo de retratos. Estava à procura de uma espécie de grade onde instalar meus retratos. Mas não me ocorreu nada. Todas essas teorias não valem grande coisa. A não ser pelo que podemos fazer com elas, naturalmente.

FM: Não houve também o choque das imagens da babá berrando no *Encouraçado Potemkin*, de Eisenstein?

FB: É, *Potemkin*... Essa babá que berra, que chora, me assombrou, obcecou, você não pode imaginar... Bem que tentei usar essas fotos, para a boca, mas não funcionou, nunca funcionou. A imagem em Eisenstein é melhor. Eu também tinha descoberto um livro, quando estava em Paris, com pranchas sobre as doenças da boca, pranchas em cores magníficas... Do mesmo vermelho que a sotaina do papa. Tudo isso me obcecava.

FM: Interessou-se por outros cineastas?

FB: Amo o cinema, como o do Buñuel do início ou, num outro gênero, o de Antonioni, do qual me sinto próximo, o do *Deserto vermelho*, de *La Notte*... Na França, o de Jean-Luc Godard; este dividiu. Mas esqueço os títulos: *Alphaville*? *Pierrot le fou*? *Duas ou três coisas que sei dela*? Não vi todos os seus filmes, mas gosto de suas imagens brutais e da atmosfera de suas obras. Há alguma coisa de comovente no rosto de Anna Karina. Ele também é autor de uma história do cinema que se desenrola como uma história de séries de imagens. Os cineastas são grandes inventores de imagens, mas quase sempre se perdem um pouco com as questões de dinheiro.

FM: Algum filme mais recente o marcou de alguma forma?

FB: Esse filme de um cineasta húngaro, István Szabó, *Coronel Redl*, com aquele ator maravilhoso, Klaus Maria Brandauer, na pele de um homossexual acuado. Há a magia dos pretos, dos vermelhos e das iluminações douradas... Acho que é em grande parte inspirado numa história real. Há também uma peça de teatro de John Osborne, *A Patriot for Me*, sobre essa história...

FM: Qual foi a primeira obra de arte que o marcou?

FB: Todas essas lembranças estão bem distantes. Eu devia ter uns 20 anos. Morava perto de Chantilly, na casa de uma família onde aprendia francês e decorava apartamentos. Que horror aquilo tudo! Havia o Museu de Condé, onde eu tinha visto uma pintura admirável de Nicolas Poussin, *O massacre dos inocentes*. Fiquei extasiado... O mais belo grito da pintura.

FM: Mais que o de Edward Munch?

FB: Esse eu descobri mais tarde.

FM: E foi o quadro de Poussin que lhe despertou a vontade de pintar? Qual foi o clique?

FB: Não, não exatamente, mas adoro as composições de Poussin. E seus azuis e amarelos! Magnífico! Seu "grito" me fez refletir, eu quis representar o melhor grito humano. O clique foi um pouco mais tarde com Picasso. Picasso, em primeiro lugar. Sua exposição, na galeria Rosenberg, para a qual meu tio me arrastara, foi um choque visual para mim. Era em 1928 ou 29, não lembro mais direito. Naquele momento, eu disse comigo: também vou tentar fazer isso. Era o período de Dinard, representando aquelas mulheres com corpos enormes. Aquelas cenas de praia em que mulheres com corpos fornidos abrem e fecham cabines de banho. Naquele momento tive uma sensação estranha. E ainda hoje isso é uma fonte de sensações para mim. Ao sair da galeria, senti realmente vontade de pintar.

FM: E o que fez?

FB: Experimentei, fiz uns desenhos, umas aquarelas. Nada muito conclusivo.

FM: Então o verdadeiro clique foi o quê?

FB: Mais tarde, em Londres, tive outro "clique", como você diz, diante da bancada do setor "açougue" nas lojas Harrods. Não sabemos por que determinadas coisas nos tocam. É verdade, adoro os vermelhos, os azuis, os amarelos, a gordura da carne. Somos carne, não é mesmo? Quando vou ao açougue, acho sempre surpreendente não estar ali, no lugar dos nacos de carne. E depois há um verso de Ésquilo que me obceca: "O cheiro do sangue humano não desgruda seus olhos de mim"...

Ele se interrompe, ergue os olhos para o teto, depois continua.

FB: A carne realmente fustigou todos os meus instintos. Era um choque visual. Magnificamente visual. Eu pensei: puxa, dá para fazer alguma coisa com todas essas coisas que nos tocam. De tempos em tempos isso nasce e se torna um material de trabalho. Apropriei-me disso. Me convinha perfeitamente.

FM: A carne pertence há muito tempo à história da pintura. Em todo caso, o senhor não conhecia nem Rembrandt, por exemplo, antes de sentir essas emoções?

FB: Não. E não era uma emoção estética, pois nossas emoções raramente são estéticas... Era Rembrandt quem dizia: "Recue: o cheiro da pintura não é saudável."

FM: Por que sempre desnudar os corpos?

FB: Como eu lhe disse, minha pintura é primordialmente do instinto. É um instinto, uma intuição que me leva a pintar a carne do homem como se ela se espalhasse para fora do corpo, como se ela fosse sua própria sombra. Vejo-a dessa maneira. O instinto está misturado à vida. Tento aproximar o objeto o mais perto de mim e gosto desse confronto com a carne, essa verdadeira escoriação da vida em estado bruto.

FM: Ainda assim, seus personagens são deformados, não acha?

FB: Não, não deformo pelo prazer de deformar; eles não são submetidos à tortura. Experimento, tento transmitir uma realidade da imagem em seu estágio mais dilacerante. Mas talvez não consiga isso.

FM: O senhor pinta muitos homens nus. Já se censurou?

FB: Sabe, um artista nunca se censura. Bem, você me pergunta se tenho obsessões mais fortes? (*Risos.*) Eu nunca pretendi pintar pornografia. Preferi sugerir, isso me parece

mais forte, e não somos, afinal de contas, homens nus face aos sentimentos?

FM: Seria possível afirmar que sua pintura é autobiográfica...

FB: Pensei, num certo momento, em contar toda minha vida como uma reportagem, desde o nascimento. Depois desisti da ideia. Sabe, a vida é um verdadeiro desastre. Nunca alcancei o que eu queria.

FM: Mas o senhor pratica, à sua maneira, uma autoanálise...

FB: Pode ser que no fim das contas eu faça uma longa análise, permanente, sobre mim mesmo. (*Ri.*) Isso me lembra "o desregramento dos sentidos" de que falava Arthur Rimbaud. Sim, talvez seja isso que eu ponha em prática. Trabalho sobre mim mesmo.

FM: O senhor disse em algum lugar: "Fui sempre um otimista, mesmo não acreditando em nada."

FB: Em nada. Nada. Quando morremos, não prestamos mais para nada. Só nos resta ser enfiados num saco plástico e jogados no lixo, compreende...?

FM: Muito bem. Então, nada de redenção, fé, religião?

Ele quase se irrita, eleva a voz:

FB: Estou lhe dizendo: absolutamente nada! Hipocrisia. Não penso nesses termos de religião, embora tenha nascido na Irlanda. A fé não passa de uma fantasia e a religião só é boa para os políticos: uma maneira de disciplinar as pessoas. Por que homens inteligentes como T.S. Eliot ou Claudel eram crentes?

Silêncio. Ele se levanta, dá alguns passos, senta-se de novo perto da escrivaninha onde estamos.

FM: Nada de religião, tudo bem, mas o senhor de toda forma deteve-se no tema da crucificação. Não começou pintando crucificações, e pintou outras durante a guerra?

FB: Sim, mas isso não era religioso.

Silêncio.

FM: Era uma representação da crueldade?

FB: Sim, é isso mesmo que eu quero dizer.

*
* *

O rosto de Francis Bacon exerce certa fascinação. Sempre em movimento. Assimétrico, dá a impressão de se desarticular. Sucessivamente sua pálpebra franze, seu olho se revolve, sua boca se distorce. Vendo-o falar, como não pensar num de seus autorretratos?

FM: Acho que era André Breton que dizia a respeito de Marcel Duchamp: "Há pessoas que nascem extraordinárias e há outras que se tornam extraordinárias."

FB: Extraordinárias? Sabe, muita gente me diz que sou um grande pintor. Mas eu nunca saberei se sou um grande pintor... Pinto apenas com meu instinto. Apenas tento recriar as imagens que tenho no meu cérebro.

FM: O senhor aprendeu a pintar?

FB: De forma alguma. Nunca sei como fazer uma tela. A coisa vem – ou não vem – com o trabalho. Sabe, se pinto, é um pouco por acaso. Aprendi sozinho e nunca pensei que fossem se interessar pela minha pintura. O fato de viver isso é uma sorte. Nunca pensei em fazer, como se diz, uma carreira. Tenho horror a essa palavra, não tem nada a ver comigo. Eu trabalhei, trabalhei. Durante dez anos, eu destruía tudo. E às vezes ainda me acontece de pensar que deveria ter continuado a destruir tudo!

FM: E é por essa razão, essa necessidade, que o senhor continua?

FB: Continuo talvez porque minha obsessão foge ao meu controle. A criação é uma necessidade absoluta que apaga todo o resto. Eu não pensava em ganhar a vida com minha pintura, pensava apenas em me explicar comigo mesmo. A criação é como o amor, você fica impotente. É uma necessidade, ponto final. Na hora, a gente não sabe muito como as coisas acontecem. O importante é que aconteça. Para o indivíduo, isso é tudo. Depois, podemos nos divertir, achar explicações… No que me diz respeito, é em primeiro lugar para mim mesmo. Naturalmente, se podemos viver isso, é melhor.

FM: O senhor é autodidata e aprimorou técnicas que o senhor mesmo criou…

FB: Não sei como fazer uma tela. Descobri alguns truques trabalhando. Por exemplo, preparo minhas telas no avesso da tela. É preciso técnica, mas, para pintar, é preciso antes que músculos e pincéis se harmonizem. Um dia, me diverti muito com dois especialistas da Tate Gallery que se interrogavam diante de um dos meus quadros, o retrato de Eric Hall, que o museu acabava de adquirir. Eles não compreendiam como eu reproduzira nessa tela o material de um casaco de lã, imitando flanela. Estavam convencidos de que era pastel: ficaram brancos quando lhes expliquei que eu simplesmente mergulhara meu indicador e um pano na crosta de poeira que recobre o chão do meu ateliê. O que há de melhor que a poeira para uma roupa cinza? É ideal e há toneladas aqui. Depois, fixei-o como um pastel, sobre uma leve aquarela cinza. Você não aprende esse tipo de coisa nas Belas-Artes.

Então, é verdade, não aprendi nada numa escola de arte. Mas quando olhamos ao nosso redor quem saiu de uma... É um desastre. Não me arrependo de nada. Sim, me arrependo de não ter aprendido grego antigo. Disso, sim, me arrependo. Dessa forma eu poderia ter lido meus autores no original. Infelizmente, por falta de cultura, fiquei restrito à tradução. É um pouco frustrante.

FM: Que conselhos daria a um jovem pintor?

FB: Conselhos? Ora, nada, nenhum conselho especial. Apenas aceitar. E aceitar quem ele é. E só abordar temas que o absorvam e o obcequem; que impregnem seu pensamento, tornem ele mais robusto. Afastar-se de tudo que é puramente decorativo. Decoração, que horror!

*
* *

Outro dia.

Estamos sentados ao redor de sua mesa atulhada de livros, diversos documentos, garrafas e copos... Francis Bacon fez café.

FM: Alguma viagem o marcou?

FB: Amo a Europa e o Egito, ainda que agora se diga que é igual à Broadway... Fui à Itália, a Nápoles, a Roma, com o marchand Claude Bernard. Na Villa Médicis, conheci Balthus, sempre simpaticíssimo. O plano do jardim não tinha mudado, estava como na época de Velázquez. Se o governo francês deu uma fortuna para sua restauração, foi graças a Balthus. Dos 23 residentes, 17 esperavam filhos, isso não é mais criação, é procriação... (*Risos.*) Eles não fazem nada, sonham... Ingres também foi até lá. Adoro seu *Banho turco.* Tenho quase plena certeza de que influenciou Picasso. Um gênio, Picasso. Mas nunca o conheci.

FM: Parece lamentar isso... Teve a oportunidade de encontrá-lo?

FB: Não, ele não precisava dos outros. E as pessoas por quem sinto admiração, não tenho vontade de conhecê-las.

Como pintores ou poetas, eles dão tudo em suas obras. E é possível esperar outra coisa? Giacometti, por exemplo: não acrescenta nada conhecê-lo. O essencial é que suas obras nos tocam. Mas certamente existe uma interação entre a obra e o homem... Até mesmo aqui, em Londres, não conheço quase ninguém. Dois pintores ou dois poetas que se encontram não se dizem nada. Nada, ficam mudos.

Ri com sua risada em cascata.

FB: Desculpe essa bagunça toda... Chega de café. Vamos tomar um pouco de champanhe hoje, certo?

Vamos do seu quarto-escritório para a cozinha-lavatório, onde, acima de uma banheira com pés, estão penduradas meias e cuecas. Ele abre uma geladeira pequena onde estão guardadas algumas garrafas. Escolhe uma de Krug e nos serve uma prova, em taças simples, após tê-la aberto com delicadeza. Por iniciativa própria, põe-se a discorrer sobre Ingres...

FB: *Monsieur Bertin*, de Ingres, é uma constatação comparável a uma página de Proust. Ele fez grandes imagens, deformava a realidade... E ainda gosto mais de seus desenhos do que de sua pintura.

FM: Ainda assim, o senhor pintou um *Édipo* e uma *Esfinge* a partir dele. E há o seu famoso *Júpiter*...

FB: Sim, magnífico! Em Aix-en-Provence, onde admirei também aquele autorretrato de Rembrandt de boina. Eu tinha feito uma espécie de passeio de carro com amigos.

Depois fomos a Castres ver os Goya. Lembro que às 9h da manhã as ruas de Castres estavam desertas. Em geral não gosto muito de Goya, mas ali, que grandeza! *Junta de Filipinas* é um quadro surpreendente com todos seus personagens, os membros do Parlamento, os magistrados: todas essas figuras são de uma leveza tão grande, de uma transparência tão fluida que parecem feitas de ar e tinta. Em seguida, fomos até Albi ver Lautrec. Seus retratos são quase caricaturas, e a caricatura aproxima ainda mais do real. Adoro toda a obra de Henri de Toulouse-Lautrec, em seu museu encantador.

FM: Gosta também dos Goya do Prado?

FB: Suas máscaras negras da Quinta del Sordo, claro… Mas Velázquez… Velázquez ainda assim é diferente. A grande arte acrescenta à vida, à existência. Eu estava sozinho em Madri, com um amigo. Havia uma greve no Prado, mas uma mulher ignorou-a e nos deixou entrar. E nos vimos sozinhos diante dos Velázquez, sem todos aqueles japoneses… A restauração de *As meninas* foi muito bem-realizada. Estava magnífico. Fique sabendo, Franck, sou obcecado por Velázquez.

FM: O senhor declarou muitas vezes isso, e dá para entender. E o quadro daquele papa, *Inocêncio X*, que se encontra em Roma, obcecava-o também?

FB: Notável. E sei que ele obceca quase todos os pintores, ou não?

FM: Sem dúvida nenhuma, mas o senhor mais que qualquer um.

FB: Sabe, quando fiz meu primeiro papa, não o fiz como queria...

FM: Quer dizer que o perdeu, que passou ao largo de seu tema?

FB: Na época, eu queria fazer a boca. Apenas a boca do papa gritando.

FM: Por outro lado, o senhor se demorou no tema dos papas. Na boca também, mas nos papas... O senhor voltou ao assunto várias vezes, com anos de intervalo.

FB: Velázquez é o ponto de partida, e depois, em seguida, deixo-me guiar pelo acaso... Velázquez me serviu e resserviu, ele é um exemplo, não?

FM: Dalí dizia: "Diante das pinturas de Velázquez, vemos a que ponto somos nulos."

Levanta-se.

FB: Estamos falando de pintura, certo? Não gosto muito da grandiloquência de Dalí. Mas, diante de Velázquez, como discordar dele? Um artista absorve tudo. Que artista não foi influenciado por outro? Pegamos o que há para pegar, se nos for necessário. Todos os pintores falam de outro pintor, e às vezes roubam do outro. É preciso ir além. Tentei isso com minhas variações em torno do retrato do papa

Inocêncio X, nos anos 50, mas não fiquei satisfeito com esses papas.

FM: O senhor viu o quadro de Velázquez antes de começar sua série?

FB: Apenas em reprodução e em preto e branco! A ideia de um papa em movimento me ocorreu durante o trabalho. Quando dou minha primeira pincelada na tela, não sei aonde vou. Enfim, na prática, o acaso conta muito. Adoro o acidental durante a formação da imagem. Então, aprendi a organizar o acaso. Por exemplo, terminei a série em menos de 15 dias! Trabalhei a mil por hora, rápido, sem preparação. Mas saiba que não fiquei muito satisfeito com esses papas, o resultado não corresponde ao que eu pretendia.

FM: E o que o senhor pretendia realizar?

FB: No início, pretendia me interessar pela boca, apenas pela boca. Todo o interior, suas formas e cores. Eu tinha aquele livro sobre as doenças da boca e queria tratá-la como um pôr do sol de Monet. Falhei, claro. Talvez um dia consiga...

⋆

⋆ ⋆

Em seu ateliê, de volta de um almoço regado a bebida.

FM: O senhor passou um período da sua vida no Marrocos.

FB: Nos anos 50, eu tinha um apartamento em Tânger. Em 1956, Tânger era uma zona franca, internacional e devassa. Aquilo sim era divertido. Só voltou a ser o Marrocos em 1957. Voltei lá, com um amigo, há quatro anos, para fugir do Natal. Era muito chato aqui, em Londres, esse período. Ficávamos num hotel, no Minzah. E não é que até lá eles tinham achado por bem montar um grande pinheiro no meio do pátio?

FM: E o senhor trabalhava lá, pintava?

FB: Muito pouco. Eu me divertia. Sempre gostei de sair...

FM: O senhor frequentava uma parte da célebre comunidade de artistas, certo?

FB: Sim, eu estava com Peter Lacy. Me enturmei com um grupo em torno de Paul Bowles e sua mulher, Jane. Jany.... Eu gostava muito de seus livros e gostava do seu rosto, de seus traços, sempre inquietos, impossíveis de captar. Jane me intrigava. Havia todo tipo de gente em volta deles, artistas, atrizes... E também Ahmed Yacoubi, um jovem pintor.

FM: E Ginsberg?

FB: Quando conheci Ginsberg, sugeri-lhe tomar champanhe e ele me respondeu com esta frase maravilhosa: "Não vamos beber champanhe num país pobre!" Ele e seus amigos fumavam haxixe ou *majun* o dia inteiro. Allen Ginsberg, William Burroughs, Brion Gysin, Peter Orlovsky... todos tinham sempre muito dinheiro no bolso. (*Risos.*)

Em Tânger, também conheci Tennessee Williams, de quem eu gostava muito. Era uma pessoa encantadora, mas muito depressiva. Olhar tristíssimo. Passava o tempo com jovens marroquinos e não podia, não queria compreender por que eles não se apaixonavam por ele. Eram garotos de programa: podemos ficar apaixonados por eles, mas temos que aceitar que eles nos enganem! (*Ri.*)

Terminávamos nossas noites no Dean's Bar, que era tocado por Dean, meio inglês, meio egípcio. Era muito engraçado, muito divertido na época. Eu amava Tânger, a casbá foi bem preservada e o vinho não é tão ruim. Depois da morte de Khomeini, há muitos iranianos. A colonização deu certo! O Marrocos é o Canadá do mundo árabe, com menos árvores. (*Risos.*)

Prossegue, arrebatado por essa época.

FB: E gosto dos marroquinos, são pessoas muito simpáticas. Adoram uísque, mas não podem bebê-lo. Casablanca é uma cidade muito triste, prefiro Mogador, que virou Essaouira, e seu calçadão na beira do mar, aquele pequeno porto de pesca do lado atlântico ao sul de Casablanca. Mas hoje esse país, como muitos outros, ficou turístico demais... Na época, era extraordinário e divertido. Havia aquele perfume de proibido... Ao lado da cidade velha, construíram uma nova – a meu ver, um desastre... Eu via tanta gente junta que não era aceita pela sociedade convencional...

Hoje, tudo mudou. É, na verdade, Marrakech que está na moda, não é? É, Tânger ficou sofisticada demais, muito mundana e afetada. As pessoas chegam lá de jatinho particular. Tudo mudou no Marrocos, talvez até os camelos tenham mudado... (*Cai na risada.*)

FM: O senhor ri muito. Por quê?

FB: Tudo me diverte. É melhor rir de tudo. Senão a vida seria totalmente sinistra.

Francis Bacon assume uma voz grave.

FB: "*That's all the facts when you come to brass facts: birth and copulation, and death...*"* Gosto desses versos de T.S. Eliot. O que acrescentar a isso? Nascemos solitários, morremos solitários. E, se conseguirmos fazer alguma coisa entre os dois, é melhor. A maior das aventuras é a vida, não?

FM: E a criação...

* "São os únicos fatos quando vamos ao fato: nascimento e copulação, e morte..." (N.T.)

FB: ...e a criação. Talvez.

Depois de desaparecer, ele volta e se acomoda, desculpando-se.

FM: Na França, o Estado tende a ajudar e sustentar seus artistas. O que acha dessas ajudas?

FB: Não se deve asfixiar os artistas com ajudas. Isso leva à convenção, ao academicismo e, de certa maneira, a certa hierarquização da arte. E todo mundo acaba fazendo a mesma coisa. Hoje há academicismo demais: nenhum desses artistas vai ficar, ainda que não saibamos muito sobre o que vai acontecer com o passar do tempo. Um pouco parecido com toda aquela plêiade de pintores grandiloquentes do século XIX.

De repente, insurge-se, escandaliza-se, seu tom é de raiva.

FB: Aqui, na Inglaterra, Margareth Thatcher está pouco se lixando para a arte e as ciências. É um escândalo, ela não dá um centavo para pesquisa. Fico chocado com isso.

Acalma-se rapidamente.

FM: Então o que é preciso para ser um artista hoje?

FB: Ah! Um monte de coisas! Acho que é preciso estar totalmente em harmonia com seu tema. O tema deve nos absorver completamente. Senão, se você não tem um tema que o obceca e atormenta interiormente, você cai na decoração. Você pode até procurar, beber em todos os livros e naquilo que o cerca, mas isso não basta. Mesmo conhecendo toda a história da arte desde o Egito até nós. Às vezes isso não basta. Eu preciso de coisas que me toquem profundamente. E isso nem sempre funciona.

FM: Por exemplo?

FB: Por exemplo, imagens de animais selvagens correndo. Isso é suntuoso, isso me interessa, no sentido em que pode me despertar para uma maneira de tratar o corpo humano. Isso me excita, mas não funciona. Sabe, é difícil ser artista.

FM: O que é um artista?

FB: Não convém um ego muito grande...

FM: Sabemos que o senhor é um dos pintores mais bem-cotados em vida, e quando se pronuncia seu nome as pessoas logo se perguntam o que faz com seu dinheiro. É uma pergunta ainda mais plausível quando vemos a grande simplicidade na qual o senhor vive e trabalha. Então, o que faz com esse dinheiro?

Francis Bacon, para variar, cai na gargalhada e espana sua escrivaninha com as costas da mão.

FB: Ah, o dinheiro! Fique sabendo que não dou a mínima para o dinheiro. Não faço pintura pelo dinheiro! Dou, e dou muito. A maior parte dos meus ganhos vai para minha irmã e para um dos meus amigos mais queridos. (*Risos.*) Minha irmã é nove anos mais nova e mora na África do

Sul. E, como você sabe, os impostos são enormes aqui na Inglaterra. Eles me tiram mais da metade do que recebo, mas não estou nem aí. Não acho isso escandaloso. Temos que ajudar os hospitais, por exemplo. O serviço de saúde está mudando por aqui...

FM: Parece que às vezes o senhor distribui maços de cédulas a desconhecidos, à noite, nas ruas...

FB: Quem lhe disse isso? É, é verdade, às vezes faço isso, à noite, na rua... Qual a importância disso?

FM: Com seu dinheiro, o senhor ajuda semelhantes em dificuldade, é generoso...

Ele dá ligeiramente de ombros.

FB: Ora essa, dinheiro é feito para ser gasto, não acha?

FM: Então o dinheiro não lhe interessa.

FB: Mas claro que interessa, gosto do dinheiro! Não tenho necessidades, convido amigos, viajo de vez em quando: minhas despesas são muito limitadas. Gosto de ir aos bons restaurantes. As roupas também...

FM: As roupas? Mas o senhor usa quase sempre as mesmas camisas, a mesma jaqueta!

FB: Acha isso? (*Risos.*) Quando envelhecemos, ficamos pavorosos, precisamos compensar isso com as roupas. Ajuda. O dinheiro serve para levar uma vida menos impossível.

FM: O senhor se acha pavoroso, mas ainda assim se representou. Todos esses autorretratos...

FB: Estou velho e feio. E detesto meu rosto, assim como ouvir minha voz é penoso para mim. É horrível. É como ver fotografias de si próprio.

FM: Em todo caso, o senhor tortura a beleza...

FB: Gosto das feridas, dos acidentes, do mal-estar, ali onde a realidade abandona seus fantasmas. (*Risos.*) Mas, enfim, a feiura pode ser interessante e fascinante, não acha?

FM: A famosa "beleza dos feios".

FB: Quando a maioria das pessoas julga uma escultura "pavorosa", elas não compreendem em que ela pode ser extraordinária. É uma questão de percepção, de cultura e sensibilidade. Na verdade, de instinto. Mas, repito, a maioria das pessoas não tem nenhum interesse por isso!

FM: Parece que seus amigos o chamam de "Eggs" [Ovos].

FB: *Eggs! Bacon and Eggs!* (*Ri.*) Sabe, Franck, não tenho amigos. Os pintores... Frank Auerbach, não vejo mais. Lucian Freud, o neto de Sigmund, não quer mais me ver... Não quis nem me emprestar seu retrato para minha retrospectiva na Tate Gallery. Gosto muito de seu trabalho, sobretudo de seus retratos, mas não o vejo mais. As amizades nascem e se esgarçam. Meus amigos estão mortos. E, quando ficamos velhos, fazemos amigos com menos facilidade.

FM: O senhor é um solitário?

FB: De certa forma. Conheço gente nos *pubs*, mas as pessoas não gostam de mim.

FM: E a crítica?

FB: Que crítica? (*Dá um tempo, depois num tom quase alegre.*) Li alguém que escreveu a respeito da minha pintura: "A carne do avesso do rosto, que olha." Acho isso bem pertinente, concorda?

FM: Uma cabeça-carne... O senhor se diz mal-amado, mas assim mesmo adquiriu uma notoriedade internacional.

FB: Não me queixo. Meus quadros são muito difíceis de vender, você sabe disso. Essa moda de comprar telas para se forjar uma identidade é aberrante, não acha? Isso ajuda os compradores a existirem. Hoje, a pintura é considerada mais como um investimento.

FM: Alguns artistas contemporâneos compreenderam isso muito bem e transformam seu trabalho numa mercadoria.

FB: Hoje tudo é de tal forma fabricado, artificial, como Schnabel... Cito Schnabel, mas há muitos outros. Já eu gosto de verdade da pintura, da pintura que não mente.

FM: E a pintura de seu compatriota David Hockney?

FB: Conheci muito bem David, mas não o vejo mais, assim como aos outros. Sua exposição na Tate fez muito mais sucesso que a minha. Era mais açucarada, podia-se ir em família...

FM: E os outros pintores?

FB: Na pintura contemporânea, não existe nada. Sempre tive a esperança de descobrir jovens, mas não existe nada. O que é triste é que hoje tudo é muito acadêmico. Picasso torceu o pescoço do academicismo... Em seus retratos, como *Dora Maar* ou *Marie-Thérèse Walter*, vemos o interior da criatura.

FM: E... Balthus?

FB: Academicismo bem-sucedido. Meu predileto é a *Passage de Commerce Saint-André-des-Arts*, com o anão...

FM: E o que acha dos artistas que utilizam o vídeo, os chamados videastas?

FB: Ah! Aprecio particularmente as videoesculturas da artista belga, acho, Marie-Joe Lafontaine. Em especial seu trabalho inspirado em García Lorca. Ela tinha recriado o espaço de uma arena com vários televisores. O espectador se via cercado pelas imagens. Eu me lembro também de *Victoria*. Era interessante: duas mulheres discutindo. Era extraordinário, ela acrescentava uma impossibilidade... E na White Chapel, em 1986, intitulava-se, creio, *As lágrimas de aço*: pensamos estar vendo rostos, mas são eles que nos veem e fitam.

FM: É possível aprender a ver, a ser sensível e receptivo?

Fisionomia de quem se interroga.

FB: É difícil explicar por que Joyce é um grande escritor. *Ulisses* é seu melhor livro, ele torturou, pulverizou, desmantelou a língua... Ele inventou uma técnica, um estilo, que leva bem longe. Gosto daqueles que pesquisam, desmontam, desossam, inventam. Daí meu grande interesse pela obra de Picasso. Gosto imensamente de Picasso.

FM: O que o apaixona tanto em Picasso?

FB: Tudo. Todo Picasso. O homem é fascinante. E toda sua obra fervilhante, imprevisível. Sua escultura, seus desenhos. Sem ele, acho que eu nunca teria tocado num pincel.

FM: O senhor também alimenta uma verdadeira paixão pela arte egípcia.

FB: Adoro a arte egípcia. A estatuária egípcia é de uma verdade escandalosa.

Levanta-se, pega na lareira um livro-álbum dedicado ao Egito. Abre-o ao acaso.

FB: A estatuária egípcia é a maior do mundo. Veja, veja! Esse escriba com os olhos debruados em verde, por exemplo: é de um realismo que salta aos olhos como uma deflagração. Era o que os surrealistas queriam fazer, mas não conseguiram. Apenas Picasso, às vezes, talvez, tenha chegado lá.

Vira as páginas e se detém. Aproxima o livro a poucos centímetros dos olhos.

FB: É uma escultura em madeira de sicômoro, a cabeça de um chefe de aldeia. Que força na expressão! Você também já viu, no museu do Cairo, Rahotep e sua mulher, são as obras mais maravilhosas que conheço.

Folheia o livro em silêncio, depois prossegue.

FB: Desculpe: é apenas pela pintura que tento fazer alguma coisa, que tento me exprimir. Fiz umas incursões na escultura, já faz um tempo: não deu em nada. Nada.

Quer um vinho branco? Tenho chardonnay na geladeira.

Vamos até a cozinha-lavatório. Ele pega uma garrafa.

FB: Ah! É chablis.

FM: O que o leva a continuar?

FB: Quero trabalhar até a morte. Fazer melhor me estimula. Fazer muito melhor. Alguma coisa que me toca...

FM: Onde busca energia?

FB: Não sei. Sabe, não tenho nenhuma razão. Sou otimista por natureza, ainda que não acredite em nada. Sou uma espécie de niilista otimista. Hahaha!

Ri, vira de costas, a garrafa de chablis da Harrods na mão, pronto para nos servir.

FB: É um pouco açucarado esse vinho, não acha? É dificílimo achar bons vinhos na Inglaterra. É possível encontrar, mas, sobretudo o branco, a preços exorbitantes. É muito caro, mas enfim... Muitas vezes me arrependo de não ter mais meu apartamento em Paris. Eu ficava na rue de Birague, entre a Place des Vosges e a rue Saint-Antoine. Eu tinha um cômodo grande no segundo andar, a luz era boa. Melhor que aqui. Pinto sempre à luz do dia. E adoro a luz de Paris. Prefiro-a à de Londres. Mas gostava mais de sair que de trabalhar! Na minha opinião, Paris é a cidade mais bonita. Sempre fui lá de tempos em tempos. Depois, deixei meu ateliê para Michael Peppiatt. Em Paris eu passeio, mas lá conheci pouquíssima gente. Nesse mesmo prédio, bem antigo, da rue de Birague, morava aquele pintor de origem iugoslava, acho...

Interroga-se, tentando lembrar o nome.

FM: Veličković?

FB: É isso, Veličković. Ele tinha um belo apartamento. Era simpático, mas não gosto muito do seu trabalho. Ele talvez tenha se inspirado um pouco no que eu fazia. Mas por que não "surrupiar" dos outros, se isso nos leva mais longe...? Sua mulher era um pouco... como dizer? Intrigante.

FM: Acho que ele utilizou setas, como o senhor. Sabe? Quando o senhor aponta, por exemplo, um joelho ferido. Desculpe, mas não compreendi a "utilidade" dessas setas.

FB: É verdade, elas não têm mais razão de ser, você não é o primeiro a me dizer isso. Essas setas são uma maneira de indicar, sublinhar, insistir. Mas agora acho isso realmente ridículo. Acho inútil, como você. Você tem toda a razão. Se acrescentarmos uma seta nesse rosto de escriba, por exemplo (*Me mostrando a reprodução de um busto no livro de antiguidades egípcias*), seria totalmente idiota.

FM: Muitos pintores o imitam hoje em dia.

FB: Acha mesmo?

Silêncio.

FM: O senhor pinta cedo, de manhã?

FB: Adoro me levantar por volta das seis horas, isso não representa uma dificuldade para mim, e a luz de Londres é melhor bem cedinho.

FM: Como é um dia de Francis Bacon? O senhor parte imediatamente para a pintura, assim que acorda?

FB: Ah, não! Dou um tempo e tomo chá, muito chá. Depois, vou para o cômodo ao lado, o ateliê. Quando estou trabalhando em alguma coisa, tenho vontade de ir logo. Isso pode levar alguns dias, muitos dias, algumas semanas. Já me aconteceu de pintar trípticos em dez dias. Quando a coisa anda, é fantástico. Nunca sabemos essas coisas. Em geral, paro por volta de uma da tarde e vou ao restaurante. Adoro o intervalo do almoço.

FB: E depois?

FB: Bom, à tarde, passeio, vou a um *pub*, depois a outro. E o tempo passa até a noite. Às vezes visito um amigo... Senão, circulo. "*Drift*", "*drift*" em inglês, um pouco como um barco... (*Pega um dicionário, que tem sempre ao alcance da mão.*) Foi minha amiga Sonia Orwell quem me deu este dicionário.

FM: Perambular?

FB: Não, não exatamente. É "*to fool around*". Aqui está, é "se deixar levar", "ficar à deriva". Foi um pouco dessa forma que passei grande parte da minha vida. E talvez seja o melhor jeito de sobreviver no nosso mundo. Talvez, também, de fugir da angústia. Passei toda minha vida assim, à deriva.

FM: O senhor também bebe um pouco.

FB: É, gosto de beber. Vinho. Compreendo-o muito bem. Bebi todo tipo de vinho durante minha vida. Sim, bebo, há tanta sutileza em cada garrafa. Bebo muito. Bebemos sempre muito... E o álcool não me ajuda na pintura, muito pelo contrário!

FM: O senhor começou essa "deriva" na sua juventude, me parece. É uma escolha, essa vida, digamos, "caótica"?

FB: Gosto dessa palavra. "Caos". Minha vida... Minha vida não passa de uma série de eventualidades. Como a de todo indivíduo, certo?

FM: Talvez um pouco mais que a de um sujeito qualquer.

FB: Somos um pouco burros quando somos jovens.

FM: Como foi sua infância?

FB: Eu sofria crises de asma. Era desastroso; havia toda aquela poeira nas estrebarias. E eu detestava minha mãe, lembro do medonho queijo de porco que ela mandava seus cozinheiros fazerem. E detestava acima de tudo meu pai.

Parece embaraçado, pigarreia longamente.

FB: Ele não sentia nada por mim, como se eu não existisse. Só o vi chorar por ocasião da morte do meu irmão, que tinha 14 anos. Nunca por mim.

FM: Ele era criador de cavalos, perto de Dublin, não é isso?

FB: Treinador e criador, mas acima de tudo apostador. Minha mãe tinha uma pequena fortuna.

FM: Daí a sua paixão pelo jogo...

FB: Talvez. Gosto muito de jogar na roleta. Adoro o acaso, em todos os domínios. Mas, de toda forma, terminamos sempre perdendo, não é verdade?

Silêncio, depois ele prossegue.

FB: Detesto a Irlanda. Nasci lá, mas meus pais eram ingleses. E meu pai era protestante, fui batizado assim; mas, na realidade, ele não era muito protestante, eu tampouco. Dispenso as religiões.

FM: Guarda, apesar de tudo, algumas boas lembranças de sua infância?

FB: Eu gostava muito da minha avó, ela era fantástica, casou-se três vezes, dava festas fabulosas, frequentadas pelo Aga Khan. Lembro-me dos quartos arredondados de sua casa, "Farmleigh". Eu dormia num desses quartos.

FM: Arredondados como as formas que o senhor pinta?

Braços arriados, dá de ombros.

FB: *Who knows?*

FM: Em que condições deixou seus pais?

FB: Olhe, é uma história bem curiosa. Um dia, meu pai soube das minhas preferências sexuais, depois, em outra ocasião, me surpreendeu vestindo lingerie da minha mãe. Eu devia ter 15, 16 anos, não muito mais. Ele ficou de tal forma desgostoso que me botou porta afora. Por fim, me entregou a um amigo, a fim de que ele me educasse. Ele me dava três livros por mês.

FM: O senhor tinha consciência de sua homossexualidade?

FB: Consciência? Hahaha! Eu transava com os meninos da estrebaria, amava a companhia dos cavalariços, isso diz tudo. Eu já era completamente homossexual, isso sim.

FM: E como se vive a homossexualidade aos 15 anos?

FB: Sabe como é, era como uma deficiência. Eu não podia fazer absolutamente nada quanto a isso...

FM: Então era difícil?

FB: Sempre gostei das pessoas mais velhas do que eu. Nesse aspecto, eu era um fora da lei e ainda sou um fora da lei. Não creio ser natural. Isso não é vida. O senhor sabe, o amor é uma doença dolorosa, penosa, mas também uma necessidade.

FM: "O amor ... um crime em que não podemos prescindir de um cúmplice", dizia Baudelaire.

Risos.

FM: Dizem que o senhor gosta dos *bad boys*.

Risos.

FB: E dos pais de família. Mas, fique sabendo, também já fiz amor com uma mulher, Isabel Rawsthorne, uma linda mulher, que foi modelo de André Derain e namorada de Georges Bataille.

FM: Quais eram suas ambições quando criança? O que queria fazer ou ser?

FB: Ora, nada! Absolutamente nada. Eu queria não fazer nada. Sonhar, talvez. Por que se fazer perguntas nessa idade?

FM: Então o que acontece quando seu pai o entrega a esse "amigo"?

FB: Ele queria que ele me educasse. Era um grande sedutor de mulheres. Viajamos pela Europa. Nos hospedávamos em grandes hotéis e nos fixamos em Berlim. Devia ser 1926. Berlim era, naquele momento, a cidade mais livre do mundo. E, em matéria de educação, me vi na atmosfera de *O anjo azul*.

FM: E o que se faz em Berlim aos 16 anos de idade?

FB: A Berlim daquela época era difícil, e acho que mais tarde, sem que eu tivesse consciência, isso influenciou minha pintura. Todas as noites, percorríamos os bares e cabarés. Nas ruas, havia todos aqueles pequenos espetáculos de teatro. Eu não me fazia perguntas. Era maravilhoso, eu me divertia. Lá não vi nenhum quadro, eu me divertia muito. Isso deve ter me marcado profundamente. Eram meses e meses de decadência. Eu adorava. Era muito excitante.

FM: Era plena época do expressionismo alemão.

FB: Sim, mas isso não me interessava em nada, nunca apreciei o expressionismo, é um lixo, o lixo da pintura da Europa central. Comigo, o choque não se deu. Aceita mais um pouco de vinho?

Ele nos serve mecanicamente, brindamos.

FM: O senhor lê muito, parece...

FB: Claro! Como imaginar a vida sem a literatura, sem os livros? É uma fonte fabulosa, um poço para o imaginário. Marcel Proust é um cirurgião. Com a *Recherche*, ele praticou uma dissecção.

FM: Entre seus contemporâneos, tem preferências?

Silêncio antes de deixar escapar:

FB: Gosto muito de Aragon e de Marguerite Duras. Foi ela quem escreveu em algum lugar: "Para criar, é preciso colocar a liberdade na prisão."

FM: É uma frase... Acredita mesmo nisso?

FB: Muitas vezes, sim. Não sei, parece. Marguerite esteve aqui, você sabe, com Sonia Orwell, ambas amigas de Michel Leiris. Sonia traduziu *Des journées entières dans les arbres*. As duas viajaram para a Polônia. Depois brigaram. Não têm as mesmas opiniões políticas, acho. Sonia era minha vizinha, aqui. Depois vendeu para alugar um apartamento em Paris, na rue d'Assas, aonde eu ia; assim como frequentava a casa de Marguerite, na rue Saint-Benoît.

Bacon nos serve uma taça de chablis, depois fica pensativo.

FM: Li em algum lugar que o senhor não gosta de filosofia. Isso na verdade me espantou.

FB: Quem disse isso? Dizem todo tipo de coisas sobre mim.

FM: Por que sobre o senhor?

FB: Provavelmente eu falo demais.

Risos. Esvazia sua taça e logo pega a garrafa para enchê-la de novo.

FB: Um pouco de vinho?

FM: Outro dia, o senhor me disse: "Há o nascimento e a morte. Entre os dois, há a vida. Ponto final, isso é tudo..."

FB: Sim, é isso. E acrescento até que, entre os dois, fazemos o que podemos. Mas quando eu morrer ficarei, de toda forma, extasiado se encontrar alguma coisa, ainda que feia...

FM: Como definiria a pintura?

Responde sem nenhuma hesitação.

FB: Pintar é buscar a verdade. Pinto apenas para mim. Apenas para mim. Van Gogh quase conseguiu isso. Numa de suas extraordinárias cartas ao irmão, ele escrevia: "O que faço talvez seja uma mentira, mas isso evoca a realidade com mais correção." É necessária a mentira para chegar à realidade. Sabe, a verdade muda. A verdade é a mentira. Basta ver os políticos, os economistas... Quem detém a verdade? Ninguém detém a verdade de forma definitiva. E depois, nem vale tanto a pena falar da pintura porque no fim não se diz absolutamente nada. Quando falam de pintura, fico sempre um pouco perdido.

FM: O senhor fala sobre ela com outros pintores?

FB: Numa ocasião, eu conversava com Giacometti e falávamos de Picasso. Ele me disse: "Ah, mas por que todas essas variações?" Respondi: "Ah, mas por que não?" É sua maneira de trabalhar. Ninguém pode censurá-lo por isso.

FM: É bem verdade que depois da sua primeira *Crucificação* seu trabalho também ficou homogêneo, parece que o senhor escava cada vez mais o mesmo sulco.

FB: Sim, não posso fazer outra coisa, prossigo em meu trabalho com a mesma obsessão, não posso fazer diferente. Penso que nunca mudamos. Mesmo Picasso, no fundo, sempre fez a mesma coisa, mesmo com todas as suas fases, excetuando o cubismo. Seguimos nosso caminho. É isso que leva a prosseguir. Sabemos que não é possível. Sabemos que a vida não vai continuar, mas aceitamos isso, e somos efetivamente obrigados a aceitá-lo. E isso nos ajuda, mesmo, a viver.

Risos. Ele esvazia sua taça num gole.

FB: Um pouco de vinho?

FM: Giacometti não fez "variações", mas como não o admirar?

FB: É. Sou na verdade um grande admirador de seus desenhos. Seus desenhos são mais nervosos. Quando falamos de pintura, o que podemos dizer? O que podemos dizer das grandes obras de Velázquez? De um grande Rembrandt? Dos pastéis de Degas? De Cézanne? Das obras-primas de Van Gogh? Ele chegou perto da verdade. Com todos os grandes artistas, é sempre um passar à margem. A pintura é uma linguagem em si, é uma língua à parte. Ninguém é capaz de falar dela. E por que falar? O melhor é contemplá-la.

Silêncio.

FB: Tenho uma grande admiração pelos pastéis de Degas, seus nus femininos, aquela mulher de costas cujos ossos percebemos, como uma espinha de peixe sob a pele...

Comento uma plaquette *dedicada a Giacometti, instalada numa prateleira de seu quarto-escritório, onde estamos. Bacon se levanta, dá alguns passos, a folheia e volta a ocupar seu lugar perto da escrivaninha. Examina a foto do pintor na capa.*

FB: Giacometti era um homem maravilhoso. Eu o conheci junto com Michel Leiris. Esqueci a data de sua exposição na Tate Gallery. Ele também era amigo de Georges Bataille e de Isabel Rawsthorne...

FM: ... de quem o senhor pintou o retrato.

FB: Sim. Conheci Giacometti no fim de sua vida, gostava de seu rosto formoso cheio de bondade. Ele tinha o aspecto triste, mas não o era. Era um homem superinteligente. Falávamos de tudo. De tudo, mas não efetivamente de pintura. Ele tinha essa característica, compreendia todos os aspectos de um tema ao mesmo tempo, como se girasse ao redor. Depois da guerra, eu tinha uma amigo que tinha tirado umas fotos de Giacometti, em seu ateliê, quando ele fazia seu *Cão*...

FM: Esse *Cão*, do qual ele dizia: "Sou eu. Um dia, me vi na rua, como se eu fosse o cão."

FB: É, aquele jeito triste... Mas ele não era tão sozinho assim. Ah, seu ateliê era uma verdadeira natureza morta.

FM: O seu ateliê também é um pouco assim, parecido com o de Giacometti.

FB: Não tão bonito! (*Risos.*)

FM: O senhor não pode ficar sem a pintura e a poesia. E a música?

FB: Não entendo muito de música. Escuto, claro, o rádio, tudo que acontece, as variedades, Pierre Boulez... Mas não sinto amor pela música como sinto pela pintura ou pela poesia.

*

* *

HOTEL

Sentados no restaurante Bibendum, em Londres, diante de uma garrafa de Château Léoville Las Cases 1961.

FB: A vida é chocante. Tudo que dizem também...

FM: Talvez, nem tudo...

FB: Mas quase. (*Gira o vinho em seu copo, admirando sua textura.*) Que vinho, observe seus tons de vermelho... Rembrandt...

FM: Quais são seus projetos?

FB: Espero sempre fazer melhor. Persigo a pintura porque sei que não é possível alcançá-la. Quero trabalhar até a morte. Isso me estimula. Os americanos dizem "*drop dead*", trata-se de um insulto: "caído morto". Há sonho melhor?

Ergue sua taça de Bordeaux, e, para ninguém, lança um dos seus "Cheerio!".

*

* *

Bacon & Bacon

De uma constatação clínica a outra

Se não tivesse sido pintor, Francis Bacon teria sido filósofo. Não para melhor discorrer sobre seu trabalho, uma vez que o artista sempre proclamou que "minhas pinturas não devem ser lidas para além do que é visto", mas por seus pontos de vista e pela pertinência de suas interrogações e questionamentos. Por sua arte consumada da conversação também, o interesse que demonstrou por esses encontros e o prazer que sentiu ao testemunhar. Sem falar em seus conhecimentos de literatura e poesia, que ele sabia partilhar tornando-os familiares.

Curiosamente, os escritos de um filósofo do século XVII – que ele não lia – mostram certo parentesco com a afirmação do pintor, como para lhe responder em eco. É de ressonâncias e de filiação que se trata. Singular filiação, uma vez que esse filósofo não é outro senão o pai do empirismo, que, como se não bastasse, é seu homônimo exato: Francis Bacon (1561-1626), barão de Verulam, visconde de Saint-Albans. Acrescentemos, para aumentar a perturbação que cerca essa "curiosidade" e a distância no tempo entre os dois, que o pintor dizia, sem se gabar, que era um de seus descendentes colaterais. O que confirma Michel Leiris, sem com isso lançar mais luz sobre suas fontes: "Francis

Bacon, o glorioso filósofo elisabetano que os meandros da genealogia aproximam de seu atual homônimo." Então, é verdade? Mentira? No fundo, que importância isso tem, uma vez que, à sua revelia, ambos terminam por se encontrar? Infelizmente, eu ainda não tinha lido essas páginas de Leiris[1] para comentá-las com o pintor, nem me detivera sobre sua notável ascendência.

O filósofo, que no fim de seus dias redigiu *De historia vitae et mortis*, é também autor de um texto inacabado que permaneceu inédito até o século XX, tendo sido publicado pela primeira vez em 1984[2] – a descoberta de um maço de umas cinquenta folhas veio fortuitamente esclarecer e pôr em correspondência o trabalho do pintor com o do autor, seu grande ancestral.

Trata-se de um manuscrito descoberto em Chatsworth House, na Inglaterra: *De viis mortis et de senectute retardanda, atque instaurandis viribus* ("Sobre os meios de morrer, adiar a velhice e restaurar as forças vitais"). Esse texto sucinto foi publicado em francês sob um título mais ameno: *Sur le prolongement de la vie e les moyens de mourir*[3] [Sobre o prolongamento da vida e os meios de morrer]. A priori, considerando a ambição do título, esperamos sob a pluma de Bacon uma promessa de imortalidade. Não é nada disso. Quer dizer, não completamente, já que o "pioneiro do pensamento científico moderno" dedica-se nesse livro curto, bastante confuso, composto de notas lacônicas, a observar e descrever, num procedimento científico, a dissolução que advém com o tempo nos corpos inanimados e consistentes, para daí extrair ensinamentos sobre a idade e o devir dos corpos orgânicos. Seguem-se explicações sobre os movimentos de decomposição da matéria: frutas polvilhadas com farinha, madeiras cobertas com vinagre, vinho e cerveja fechados em suas garrafas com a finalidade de evitar qualquer alteração. O filósofo, que foi o primeiro a falar de eutanásia (no sentido literal de "boa morte"), explora os confins biológicos da morte em diversos corpos, vegetais, animais e humanos, extraindo constatações e aforismos.

Platão, seguido por outros pensadores, já não dizia que "filosofar é aprender a morrer"?

O que é fascinante nesse texto exumado em 1978 são as descrições e análises dos diversos estados dos corpos, dos quais os quadros do Francis Bacon "século XX" parecem ser ilustrações e extensões. Além da homonímia maliciosa, é como se este último tivesse se divertido em interpretar, em imagens, as incursões mortíferas do filósofo. Ora, o pintor não podia conhecer esse texto, e virtualmente ignorava as preocupações científicas e as ideias biológicas do filósofo. Estamos no irracional e no raciocínio frívolo, mas por que não... por que não associar as teorias da matéria de um e os quadros de carne do outro? Ainda que Bacon não chegue ao exame da decomposição dos corpos vivos. Capricho temerário, mas divertido. Leiamos então Bacon o Antigo e observemos Bacon o Jovem, ou vice-versa. A ler com distanciamento, senso poético e (pequena) dose de humor.

Leio ao acaso, numa página: "Bernardino Telesio procurou a causa da morte ... na superfluidade (*excessus*)... Por exemplo, uma vez que o sangue é a verdadeira seiva e irrigação dos corpos, e uma vez que a natureza do sangue depende do fígado, ele estimou ser evidente que o corpo é destruído pelo ressecamento do fígado." Um *Tríptico*, de 1981, inspirado na *Oréstia* de Ésquilo, parece corresponder a essas linhas. Como este outro trecho: "Observamos que os corpos sólidos que não são alimentados e que sofrem as devastações do tempo e suas vicissitudes sem ser surpreendidos pela putrefação são inicialmente macios, depois endurecem e secam, e imediatamente depois ficam porosos, fissurados, estriados, apodrecidos, enferrujados, e, no último estágio, pútridos como se tivessem sido reduzidos a cinzas por uma combustão ainda mais sutil do que é capaz o fogo, e, por fim, integram-se e, por assim dizer, evolam-se no ar. E esse processo inteiro resume-se a uma dupla ação, isto é, a atenuação, e imediatamente depois, a fuga da parte atenuada que resta."

Outra visão, totalmente baconiana: "Os corpos tornam-se cada vez mais ocos e ressonantes, ou então, às vezes em consequência da própria mudança da superfície de um corpo, do liso ao áspero e ao emaranhado, onde observamos não tanto a fuga como a migração .... Pois nos corpos que não são porosos, mas que são flexíveis, e portanto mais compactos, o espírito não encontra passagens e meios pelos quais evolar-se secretamente, mas impele claramente para diante de si as partes espessas que ele estendeu e modelou, e as repele com violência para a superfície do corpo – assim como isso se produz em toda putrefação, e também na ferrugem dos metais."

Incontáveis obras do pintor – *Tríptico* (agosto de 1972) e *Nu feminino de pé no enquadramento da porta* (1972), por exemplo – expõem corpos prolongando-se em mangas. O pintor insiste, o filósofo também: "Nos corpos de profundidade ou espessura, o movimento de contração que é levado à superfície do corpo é retido por seu contato com a matéria situada sob a superfície, salvo se esta for tão mole que não impeça o resvalamento … . Entretanto, se os corpos forem não apenas de pequena espessura mas também estreitos, eles não só resvalam, como se voltam sobre si mesmos em consequência de congestionamento e se aglomeram em volutas, como a membrana ressecada pelo fogo e o queimar do papel, nos quais podemos facilmente observar não somente o resvalamento como também a inversão e o enrolamento de alguma coisa sobre si. E este é o verdadeiro processo pelo qual os corpos inanimados e consistentes caminham para a dissolução."

Tanto com Bacon I quanto com Bacon II, situamo-nos na mesma agonia crepuscular: "A putrefação antecipa e ultrapassa a dissolução natural, a qual é a mesma coisa nos corpos inanimados e na morte causada pela doença nos corpos animados, que não espera a passagem do tempo, mas a intercepta." Como vemos, a família Bacon cultiva as mesmas terras, trabalha nos mesmos campos operatórios, pratica as mesmas condenações à morte. Mais adiante, estas poucas linhas parecem ser uma legenda para os quadros: "Os corpos estão situados de modo a serem agitados; ... num lugar fechado, ... os corpos expostos nus ... no mesmo estado e no mesmo movimento." Tabela experimental. Exatamente como numa pintura de Bacon. Quando o artista prende em jaulas de vidro o papa Inocêncio X ou corpos em fornicação, ou mesmo seus amigos, não podemos nos abster de pensar nas jaulas de zoológico onde os homens vêm observar os animais. O pintor nos dá a observar o homem, "esse grande símio infeliz", prisioneiro de sua condição. E suas obras nos fazem admitir o pior.

Amantes do acaso, os Bacon, grandes experimentadores, mantêm, ambos, a potencialidade de acidentes, à espreita do estranho e da novidade. A pintura, à sua maneira, interpreta a descrição de um processo. Sua experiência consiste em pintar sem método, em se entregar sem retenção, em procurar o aleatório, em dar livre curso à espontaneidade. O artista não hesita em violentar sua tela, em agredi-la, não temendo degradá-la, pronto para destruí-la se o resultado não for de seu gosto.

"A ação do espírito age de tal forma que, se as partes mais espessas da coisa se relaxaram ou se tornaram flexíveis e moles, como nos líquidos, o espírito não apenas atenua e amolece, como também, às vezes, separa e divide, ou então, inversamente, às vezes une as coisas e as mistura." E o pintor responde: "O que me empenho em fazer é distorcer a coisa bem além de sua aparência normal; porém, embora distorcendo-a, quero levá-la a atestar a aparência que é a sua."

Carcaça de carne e ave de rapina (1980), com seu aspecto de massacre sacrificial, e o tríptico *Crucificação* (1965), com seus farrapos de carne e suas defecações, como tantas outras obras, tocam diretamente o sistema nervoso. Busto informe sem cabeça, horror de um grito humano, vísceras, pescoço prolongado por uma boca desdentada... O pintor faz questão de não poupar seu espectador da crueza e de lhe impor essa violência como uma necessidade. A excitação de Bacon, convulsivo de carne, é extrema. A segunda versão de seu tríptico de 1944, executada em 1988, provoca e ataca diretamente os nervos. Suas criaturas inomináveis traem, contra um fundo de hemoglobina, uma potência de ódio irreprimível.

"As partes exangues, em particular – como os nervos, as membranas, as túnicas, as águas, e outras partes similares –, dificilmente podem ser recuperadas depois de haverem perdido sua flexibilidade, maciez e substância, e soçobram na atrofia." Mais adiante, esta outra passagem de *Sobre o prolongamento da vida e os meios de morrer*: "Após o espírito ter migrado ou sido sufocado, as partes individuais voltam a seu estado fluido ou caótico. Isso é visto no sangue, que, quando o espírito se exala, dissolve-se em água, em borra, em espuma. A mesma coisa acontece na urina." Em Bacon, o pintor, encontramos vestígios de fluidos corporais – sangue, esperma, excrementos... –, e as marcas parecem ser as de um tecido em contato com o corpo. "A natureza doce e pacífica desse movimento ou dessa agitação manifesta-se muito claramente nos seres vivos na supuração dos abscessos. Pois quando a supuração começa a se produzir, as dores e fustigações provocadas antes da luta do espírito misturado, dores que, por simpatia, torturam o próprio animal, se acalmam e enfraquecem, e apenas uma doce e ligeira dor e um calor subsistem."

Tanto para Bacon o Jovem como para Bacon o Velho, há um jogo de duplo sentido, um vocabulário obsessivo. Leiamos o filósofo: "Quanto aos desejos e apetites das partes mais espessas e às ações fundamentais de sua natureza, cinco grandes diferenças são dignas de ser assinaladas: o repouso, a atração pelo semelhante, a fuga do vazio, a fuga diante de um corpo contrário e a evitação da tortura. Cada ser tangível e espesso é portanto marcado por um torpor inato." *Os lutadores* (1980), nascido no imaginário do pintor e inspirado nas pranchas de Muybridge, ignorava que tinha outro padrinho, mais antigo e filósofo.

Quem ousara, antes de Bacon II, expor a flagrante e crua realidade de loucas anatomias, retorcer o corpo até o asco, numa violência muda? Quatro séculos antes, Bacon I escrevia em seu "Aforismo 6": "O espírito evadido resseca o corpo, o espírito retido o liquefaz; mas nem aquele que escapa nem o que é retido vivifica isso e produz membros … . Ele sai, e a massa da coisa que permanece se contrai, adensa e enrijece." Quando o pintor intervém sobre um rosto, ele é ao mesmo tempo o cirurgião e o psiquiatra daquele que ele representa. Ele executa o trabalho de ambos, de uma forma que nenhum dos dois pode praticá-lo. A arte permite essa transgressão, a arte alcança o inacessível. Ao contrário de seu "ancestral", ele também experimenta a progressão dos corpos.

"Todas essas coisas referentes aos corpos inanimados, a saber, a atenuação, a fuga, a contração, a união com os semelhantes e o resto, são também consideradas como estando presentes na carne, no sangue, nas membranas, nos ossos, e na massa inteira do corpo vivo enquanto ele vive (e essas partes têm um espírito misturado e amplamente difuso, como aquele que atribuímos às coisas inanimadas). ... Na realidade, depois da morte, toda essa natureza permanece e persiste no cadáver." Peço desculpa por citar aqui, abundantemente, o filósofo, mas suas palavras me parecem mais pertinentes do que qualquer outro comentário à obra pictórica de Bacon.

Nas imagens do pintor, manchas representam vômitos, excrementos, resultado de espasmos que escapam do corpo humano. Não apenas essas manchas escapam, se esvaem, transbordam, como compõem um corpo com o homem, são seus brotos, a continuidade de certa maneira. Nascidas de um movimento interno, elas o deformam, constituem, provisoriamente, de outra forma. Diferentemente. O corpo não é mais corpo. Torna-se outro, embora permanecendo imóvel. O corpo se liquefaz, inseparável do que dele se esvai até uma estase. O líquido orgânico não progride mais; então, interrompido em seu escoar, congela-se. Postura congelada, não sabemos mais se o corpo se animaliza, mineraliza, intumesce, com suas excrescências, suas "gemas". A figura "amassada" dá a impressão de um sofrimento interno, como uma reação dos nervos, dos músculos, em consequência de uma série de contrações. As formas do homem se deformam, vivem em surdina, acomodam-se, diferentemente. Nessas extensões, nessa imobilidade aparente, outra vida parece se constituir. "A natureza dos seres animados tem entretanto alguma coisa em comum com a dos seres inanimados e alguma coisa que lhe pertence intrinsecamente. ... Todas as coisas vivas resistem e sofrem então a espécie de tormento concebido por Mezêncio[4] – a saber, que o vivo perece no abraço da morte ...", reage o ancestral.

Tanto o filósofo como o pintor experimentam, partem do conhecido e deixam-se guiar para o desconhecido, esperando encontrar alguma coisa, testam até o acidente. Esse "acidente" que é ao mesmo tempo a "escorregadela" da matéria e seu tema principal, o homem. Em ambos os casos, passamos do visível ao invisível. Eles procuram, sem ter efetivamente respostas. Jamais assoberbados, jogam com o impossível. A pintura de um, assim como as experimentações de visada teórica do outro, aventura-se em terrenos inexplorados e apenas balbucia fiapos de respostas para seus questionamentos. Os dois Bacon hesitam, tateiam e se recobram, sempre insatisfeitos, até o fim, guiados por sua obsessão.

Os corpos escorregam, se atam, se resvalam até formar outra matéria que já não é mais completamente um corpo. Fragmentos, tocos, membros atrofiados são fixados, capturados num movimento, num efeito de torção (*A partir de Muybridge. Estudos de corpo humano. Mulher esvaziando uma tigela d'água e criança paralítica andando de quatro*, 1965). Mesmo capturados em sua retenção, esses elementos de corpo exacerbados ainda respiram, como se esses órgãos fossem movidos por uma circulação invisível. Ei-los, aqui equilibristas, deslocando-se sobre uma linha, ali acrobatas, esboçando uma ginástica secreta (*Estudos do corpo humano*, 1970, tríptico). Não reconhecemos mais o modelo, a figura é humana, simplesmente humana, feita de carne e osso. Intervém Bacon, o cirurgião, o açougueiro. Aquele que reconsidera a anatomia, aquele que trabalha a carne, aquele que dimensiona toda sua plasticidade em sua massa, nas dimensões de um espaço sideral. Esses misteriosos homens-carne executam suas piruetas do desespero no vazio e evoluem, magnetizados por não se sabe qual ímã, em pleno céu sem horizonte. Onde estamos? Em que reino? Que universo? Onde o corpo deve resistir? Propaga-se nesses quadros um onirismo da crueldade (*Três estudos para o corpo humano*, 1967, por exemplo), um enigma de drama, um "cheiro de morte". O pintor expõe suas criaturas em sua brutalidade implacável. Encena seu teatro de tragédia sem páthos, como o filósofo experimenta sem o grão de um sentimento.

E até a morte do filósofo poderia ser uma imagem encenada pelo pintor: "Eu me ocupava com ardor de um ou dois experimentos sobre o enrijecimento e a conservação dos corpos, e tudo corria a contento como eu planejara, quando, no meio do caminho, fui surpreendido, entre

Londres e Highgate, por um grande vômito que não sei se devo atribuir à pedra, a uma indigestão, ao frio, ou a todos os três juntos."

NOTAS

1. Michel Leiris publica em 1974 *Francis Bacon ou la vérité criante*, em 1987 *Francis Bacon* e, pouco tempo antes de sua morte, em 1989, *Bacon le hors-la-loi*.
2. Graham Rees e Christopher Upton, *Francis Bacon's Natural Philosophy: A New Source. A Transcription of Manuscript Hardwick 72A with Translation and Commentary*, publicado pela British Society for the History of Science, 1984; edição reproduzida em *Philosophical Studies, c.1611-c.1619*, Oxford University Press, 1996, p.270-359.
3. Traduzido do inglês e prefaciado por Céline Surprenant, Rivages, col. Petite Bibliothèque, 2002.
4. Rei etrusco mítico, Mezêncio amarrava vivos em cadáveres e os abandonava à sua sorte.

Referências biográficas

1909-1923

Nascimento de Francis Bacon, de pais ingleses, numa clínica de Dublin, em 28 de outubro de 1909. É o segundo de cinco irmãos. Seu pai, Anthony Edward Mortimer Bacon, capitão reformado, que reivindica um laço de parentesco – em linha indireta – com o filósofo elisabetano Francis Bacon (1561-1626), e sua jovem esposa, Christina Winifred, em solteira Firth, moram numa ampla casa na Irlanda. O pai é criador e treinador de cavalos de corrida. Em consequência da declaração de guerra, em agosto de 1914, os Bacon instalam-se em Londres, onde o capitão, lotado no Ministério da Guerra, cuida de arquivos da Territorial. Passarão, em várias ocasiões, da Irlanda para a Inglaterra, sem terem domicílio fixo.

1924-1928

Em razão de suas crises de asma, desde a infância, o jovem Francis não pôde acompanhar a escolaridade tradicional. Interno no Dean Close, em Cheltenham, conhece suas primeiras amizades amorosas. Seus colegas o chamam de "magricela". Um preceptor passa a se encarregar de sua educação. Aos 16 anos, após um conflito com o pai, é enviado para Londres, onde faz "pequenos bicos": auxiliar de advogado, funcionário de escritório, cujas magras remunerações são complementadas por subsídios da mãe. Seu pai confia sua educação a um parente, um "tio", que o leva para Berlim. A "cura" esperada tem o efeito contrário: em dois meses, ele descobrirá todos os prazeres da capital alemã.

Na primavera de 1927, instala-se na França, em Chantilly, onde descobre *O massacre dos inocentes*, de Nicolas Poussin. A dona da casa lhe ensina francês e lhe mostra as galerias parisienses, onde, acima de tudo, descobre Picasso. Muito impressionado, investe no desenho e na aquarela.

1929-1939

Retorno a Londres, onde desenha móveis e tapetes que expõe com o artista australiano Roy de Maistre em seu ateliê de Queensbury Mews. Recebe suas primeiras encomendas de colecionadores, destacando-se as de Douglas Cooper e do escritor Patrick White. Faz amizade com um diretor de uma loja de departamentos, Eric Hall, que será seu companheiro durante cerca de 15 anos. Em torno de 1931, instala-se em Fulham Road e desiste da profissão de decorador para se dedicar à pintura. De sua atividade como decorador, encontramos elementos em seus quadros, como os conduítes de aço. Instala-se com sua ex-babá Jessie Lightfoot, onde permanecerá até 1936, data na qual apresenta uma obra na Exposição Internacional do Surrealismo, que será recusada. Motivo: "Insuficientemente surreal."

Em 1933, executa sua primeira *Crucificação*, que Herbert Read reproduzirá em *Art Now*. Após o insucesso de sua primeira exposição, em fevereiro de 1934, na Transition Gallery (Sunderland House), um subsolo de Mayfair pertencente a Arundell Clarke, um amigo decorador, ele pinta menos e se entrega ao jogo. Em 1937, participa de uma exposição coletiva, organizada pelo namorado Eric Hall: Young British Painters em Agnew's (Londres), onde são expostas, entre outras, obras de Graham Sutherland. Bacon perde a esperança em sua arte, destrói grande parte de sua obra e praticamente não pinta mais até 1944. Desse período (1929-44), não restou senão um punhado de obras. Instala-se no campo, em Peterfield (Hampshire), depois volta a Londres, para Kensington, Cromwell Place, no antigo ateliê do pintor pré-rafaelita John Everett Millais.

1939-1948

Em 1941, seu pai morre. Em virtude de sua asma, Bacon é declarado inapto para o serviço militar e se vê lotado na Defesa Passiva (ARP), numa equipe encarregada de impor o blecaute e prestar socorro às vítimas dos bombardeios.

Mora com sua velha babá e Eric Hall, que abandonou mulher e filho, formando assim um curioso trio. Em 1944, pinta uma obra importante: o trítipco *Três estudos de personagens ao pé de uma crucificação*, que em 1945 será exposta na Lefevre Gallery e deflagrará um movimento de indignação. Eric Hall compra essa obra e a doa à Tate Gallery, que terminará por aceitá-la em 1953. As formas misteriosas dessa tela, consideradas monstros bizarros, permanecem incompreendidas durante esse período. Em 1945-46, Bacon expõe *Personagem numa paisagem* e *Estudo para uma figura* na Lefevre e na Redfern Gallery, onde figuram, entre outros, Henry Moore e Graham Sutherland, com quem Bacon trava amizade. É aliás esse pintor, Sutherland, que apresenta Erica Brausen a Bacon. Erica compra *Pintura*, quadro de 1946, que venderá ao Museu de Arte Moderna de Nova York (MoMA), o que permitirá a Bacon, entre 1946 e 1950, passar diversas temporadas em Monte Carlo, mais interessado nas mesas de jogo do que na luz mediterrânea, que julga demasiado brutal.

1949-1954

Em 1949, dá início a suas séries de *Cabeças*, expostas na Hanover Gallery de Erica Brausen, em Londres; Brausen torna-se sua marchande por dez anos. A *Cabeça VI* será, de fato, o primeiro retrato de suas variações sobre os papas, a partir de Velázquez (*Inocêncio X*), que chegarão a cerca de quarenta e cinco ao longo de vinte anos. A exposição é objeto de diversos comentários, de elogios a críticas mais ácidas. Bacon começa a utilizar os estudos fotográficos de Eadweard Muybridge como fonte de imagens para suas pinturas de personagens ou animais.

Em 1950, Francis Bacon ensina no Royal College of Art, substituindo seu amigo pintor John Minton. Visita a mãe na África do Sul e passa pelo Cairo, onde admira a estatuária egípcia. De volta da África, pinta temas diretamente inspirados em suas viagens: a série das *Esfinges* e *Elefante atravessando o rio*, de 1952. Após a morte de sua querida babá, em 1951, deixa o ateliê de Cromwell Place para mudar-se regularmente, sem conseguir se fixar. Pinta, a partir de uma fotografia de Kafka, seu primeiro retrato de Lucian Freud. Em retribuição, este executa um famoso retrato de Bacon. Desse período, seu amigo fotógrafo John Deakin dirá: "Bacon é uma criatura à parte, incrivelmente carinhoso e generoso por natureza, que não obstante tem uma curiosa tendência à crueldade, sobretudo para com seus amigos." Bacon investe numa relação complicada com o ex-piloto de caça Peter Lacy, que se torna um dos principais temas de seus quadros. Em 1953, divide um apartamento com David Sylvester, autor, mais tarde, de memoráveis conversas com Bacon. Nesse mesmo ano, pinta uma obra importante, *Os lutadores* (a partir de uma foto de Muybridge). Sua marchande, Erica Brausen, julga-a tão provocativa que a instala no fundo de sua galeria. Em 1953, faz sua primeira exposição individual no exterior, nos Durlacher Brothers em Nova

York. Em 1954, executa a série *Homens em azul*, com Ben Nicholson e Lucian Freud, e representa o pavilhão britânico na Bienal de Veneza.

1955-1958

Uma primeira retrospectiva reúne treze quadros no Institute of Contemporary Arts de Londres. Lisa e Robert Sainsbury, casal de colecionadores, lhe fazem uma encomenda de retratos, tornam-se seus amigos e fiéis defensores de sua obra. Bacon participa de uma exposição coletiva no MoMA. Pinta um conjunto de quadros a partir de uma máscara mortuária do poeta William Blake. É em 1955 que toma a decisão de apresentar seus quadros sob vidro, em pesadas molduras douradas. É a época em que começam suas frequentes viagens a Tânger, onde permanecerá seis anos, com seu namorado Peter Lacy, conhecendo toda a pequena sociedade artística (entre outros, os escritores Paul Bowles, Allen Ginsberg, William Burroughs, Noël Coward, Ian Fleming...). Executa a tela *O pintor na estrada de Tarascón*, acerca da qual dirá que ao pintá-la identificou-se com Van Gogh. Apresenta sua série *Van Gogh* na Hanover Gallery. Pinta seu primeiro autorretrato. Em 1957, realiza sua primeira exposição parisiense na galeria Rive Droite, depois expõe na Itália, em Turim, Milão e Roma. Em 1958, decide bruscamente deixar a Hanover Gallery, de sua amiga Erica Brausen, não resistindo à proposta de um contrato com a

Marlborough Fine Art, de Londres, que será seu representante até o fim de sua vida.

1959-1963

Em 1959, morre seu primeiro "protetor", Eric Hall. Bacon participa de diversas manifestações internacionais, em São Paulo, Chicago, Kassel... De setembro de 1959 a janeiro de 1960, instala-se em Saint-Ives, uma vila de pescadores e artistas na Cornualha. Em 1960, primeira exposição na Marlborough Fine Art de Londres: suas trinta telas mais recentes são bem-recebidas pela crítica e pelos colecionadores. Em 1961, instala-se em South Kensington numa velha estrebaria e dependência de cocheiro na Reece Mews 7. Esse local será, até sua morte, seu ateliê e principal moradia. Em 1962, retrospectiva na Tate Gallery de Londres, apresentada em seguida, sob diversas formas, em Mannheim, Turim, Zurique e Amsterdam (1963). Seu amigo Peter Lacy morre em Tânger. Em sua memória Bacon pintará *Paisagem de Malabata*. É em outubro de 1962 que David Sylvester grava sua primeira série de conversas, em que Bacon se exprime com grande desenvoltura e conhecimento a respeito da pintura. Seu amigo, o fotógrafo John Deakin, fotografa os amigos do pintor, Henrietta Moraes, Isabel Rawsthorne, George Dyer... que servirão de base para seus retratos por Bacon. George Dyer, jovem pobre dos bairros do East End, é seu namorado então. Retrospectiva no Solomon R.

Guggenheim Museum de Nova York, depois no Art Institute de Chicago.

1964-1969

Bacon executa o grande tríptico (agora acessível no Centro Georges-Pompidou, em Paris) *Três personagens num cômodo*, bem como um primeiro retrato de Isabel Rawsthorne, que lhe apresentará Alberto Giacometti. Publicação de um *catalogue raisonné*, onde são listadas 221 obras acabadas. Executa a famosa *Crucificação* (agora na Pinakotek de Munique) e conhece o escritor Michel Leiris, amigo de Picasso e Giacometti, que será autor de textos essenciais sobre sua obra. Em 1966, em Paris, exposição na Galeria Maeght, na rue de Téhéran. O pintor dirá: "Se os franceses apreciarem meu trabalho, não terei a impressão de ter fracassado em tudo." Exposição na Marlborough Gallery de Londres (1967) e na Marlborough de Nova York (1968), elogiada pela imprensa.

1970-1974

Compra uma casa em Limehouse, em Londres, com vista para o Tâmisa, onde, com a luz do rio atrapalhando seu trabalho, apenas recebe. Em abril de 1971, sua mãe morre na África do Sul. Nesse ano, uma vasta retrospectiva reúne no

Grand Palais, em Paris, uma centena de suas obras. Michel Leiris assina o texto do catálogo. Pouco antes do vernissage, seu amigo George Dyer se suicida em seu quarto de hotel. Em sua homenagem, Bacon pintará um tríptico, *Em memória de George Dyer*, que marca o início de uma série. A retrospectiva parisiense é aclamada antes de seguir para Düsseldorf. Seu amigo John Deakin morre em consequência de um câncer. Bacon concentra-se em seu trabalho, e, tendo perdido vários amigos, realiza uma série de autorretratos. Compra uma casa em Wivenhoe, em Essex.

1975-1979

Uma exposição de obras recentes (1968-74) no MoMA alça Francis Bacon ao olimpo dos grandes artistas de seu século. Durante alguns anos, mora e trabalha em Paris, num pequeno apartamento nas cercanias da Place des Vosges. Uma exposição na Galeria Claude Bernard, em 1977, coroa com sucesso esse parêntese parisiense. Seguem-se incontáveis exposições pelo mundo, Cidade do México, Caracas, Madri, Barcelona... Conhece Balthus, diretor da Villa Médicis, em Roma.

1980-1986

Bacon expõe, na Marlborough Gallery de Nova York, alguns autorretratos, sua série de cabeças de John Edwards e o trítptico *Estudos do corpo humano*... Executa o tríptico inspirado na *Oréstia* de Ésquilo. Morre sua irmã caçula Winnie. Publicação *Francis Bacon, lógica da sensação*, a investigação filosófica de Gilles Deleuze. Exposições no Japão. Segunda retrospectiva na Tate Gallery de Londres: cento e vinte quadros, de 1945 a 1984. O catálogo o glorifica, qualificando-o de "maior pintor vivo". Essa vasta exposição irá a Stuttgart e Berlim.

1987-1992

Bacon executa um grande tríptico em homenagem a um toureiro, a partir de um poema de Federico García Lorca. Série de exposições na Marlborough Gallery de Nova York, na Basileia, na Galeria Beyeler... Em Moscou, cerca de vinte obras são exibidas na Galeria Tretiakov – torna-se assim o primeiro pintor ocidental a merecer uma exposição na União Soviética. Retrospectiva no Hirshhorn Museum de Washington, que segue depois para Los Angeles e para o MoMA de Nova York.

Homenagens e retrospectivas não cessarão no mundo inteiro após sua morte, em 28 de abril de 1992, em decorrência de uma crise cardíaca, em Madri, onde fazia uma visita a seu jovem namorado espanhol.

Agradecimentos

O editor e o autor fazem questão de agradecer a Christophe Dejean e ao Espólio Francis Bacon pela atenção concedida a esse projeto e sua amável autorização para publicação.

Este livro foi composto por Letra e Imagem em Dante Pro 12/17
e impresso em papel pólen soft 80g/m² e cartão triplex 250g/m²
por Bartira Gráfica em maio de 2010.